LES

CAMPAGNES DU ROY,

En 1744. & 1745.

POËME.

A PARIS.

De l'Imprimerie de JACQUES-FRANÇOIS COLLOMBAT, Premier Imprimeur ordinaire du Roy, du Cabinet & Maiſon de Sa Majeſté.

M. DCC. XLVI.

LES CAMPAGNES DU ROY.

POËME.

UMBLE organe du cœur, du zéle, de l'amour,
Muse, que je me plais ignoré de la Cour!
Dans mon obscurité, loin de son Sanctuaire,
Je n'allumeray point un Encens mercenaire.
Pourroit-on soupçonner mon ardeur & ma foy?
Libre d'ambition, je célébre mon Roy.
Le Sentiment fait naître un hommage si juste.
Je n'ay point de Mécéne auprès de cet Auguste.
J'en bénis le Destin. Ma sincére ferveur
Craindroit d'être moins pure, unie à la Faveur.
Et j'aime à ne devoir le beau feu qui m'enflâme,
Qu'aux transports dont LOUIS a pénétré mon ame.

Vertus qui l'inſpirez, ſecondez mon deſſein.
Valeur, Bonté, Sageſſe, habitez dans mon ſein;
Qu'il ſoit tout embraſé de vos rayons ſuprêmes,
Et daignez dans mes Vers vous exprimer vous-mêmes.
SOMMES-NOUS dans ces temps d'Arbéles, d'Ilion?
Carthage tombe-t-elle aux mains de Scipion?
Cannes fait-elle encor triompher ce grand Homme,
Le Vainqueur des Latins, & la terreur de Rome?
Actium & Pharſale, enfantez-vous des fers,
Et donnez-vous un Maître à ceux de l'Univers?
Voit-on Philippe Auguſte aux Plaines de Bovines,
Et de Jean & d'Othon entaſſer les ruines?
Ou dans les champs d'Ivry, d'Arques & de Coutras,
Henry par cent Exploits ſignale-t-il ſon bras?
Ou bien notre Monarque, auſſi vaillant que ſage,
Fait-il revivre en Luy les Héros de chaque âge?
Premiers Siécles du Monde, illuſtre Antiquité,
Non, vous n'égalez point votre Poſtérité?
Combien à vos Guerriers, ſi dignes de mémoire,
A-t-il fallu de temps pour ſe combler de gloire?
La Gréce raſſemblant ſes Princes & ſes Dieux,
Fut dix ans à venger un affront odieux.
Le Héros de la Paix le devient de la Guerre,
Et du bruit de ſon nom remplit toute la Terre:
Minerve s'eſt armée, & ſes terribles coups
Ont ſignalé d'abord un trop juſte courroux.
Tout reſſent de LOUIS la vigilante audace;
Il combat dans la Flandre; il combat dans l'Alſace;

Le danger le décide. Et l'Eſcaut & le Rhin
Contemplent tour à tour leur jeune Souverain.
Mais, qui peut arrêter cet Aſtre dans ſa courſe?
Le Ciel de ſes bienfaits va-t-il tarir la ſource?
Que vois-je? juſtes Dieux! quels ſoupirs? quels tranſports?
Un Roy ſans ſe troubler, voiſin des ſombres bords;
Ses Sujets, ſa Famille aſſemblez dans les Temples,
Sur les pas d'une Reine, & ſes pieux exemples:
De larmes jour & nuit les Autels arroſez;
Nos cris percer l'Olympe, & les Dieux appaiſez;
Ces Dieux, qui conſultant leur ſageſſe profonde,
Avoient beſoin de Luy pour gouverner le Monde.
LOUIS renaît: tout céde à ſes heureux Deſtins;
Les projets ſont formez; les ſuccès ſont certains.
Charles fuit; ſes Soldats ſont déja notre proye;
L'Audace l'amena; la Terreur le renvoye.
Le Rhin ne craindra plus de funeſtes complots;
Son Urne en liberté va répandre ſes flots;
Et Fribourg que ſoumet un Vainqueur magnanime,
A ce Fleuve allarmé rend ſon cours légitime;
C'eſt ainſi que du Dieu le Monarque eſt l'appuy,
Il combat qui l'opprime, & triomphe pour Luy.
Mil Exploits en ſeront la juſte récompenſe.
Qui ſert les Immortels partage leur puiſſance:
Leur Roy, plein d'un éclat dont ils ſont éblouïs,
Les raſſemble auſſi-tôt en faveur de LOUIS.
» Vous protegez, dit-il à la Troupe divine,
» Ce Héros qui de Nous tire ſon origine.

» Ce qu'il reçût du Ciel, ſon reſpect nous le rend ;
» Il reconnoît la Main qui l'a fait Conquérant :
» Que nos plus rares dons, prodiguez ſur ſa tête,
» Du Monde qu'il ſurprend luy faſſe la conquête.
» Je veux que plus empreint de la Divinité,
» Son Front offre du mien toute la Majeſté.
Il dit : L'Olympe tremble à ſa voix redoutable.
Pallas découvre alors l'Egide formidable :
Autour, eſt la Fureur livrée à ſon tranſport,
Le Carnage, l'Effroy, la Déroute, la Mort ;
Au milieu, cette Tête au regard homicide,
Qui ſçût venger d'Athlas un Héros intrépide.
» Voilà, dit la Déeſſe, un Rempart pour ce Roy,
» Que je veux élever au même rang que Moy.
» Egide, rarement un Mortel te poſſede ;
» Mais LOUIS m'eſt plus cher que ne fut Diomede.
» Sa valeur a beſoin d'un ſi puiſſant ſecours,
» Et ma ſageſſe éclate à veiller ſur ſes jours.
» Sans vous, reprit d'abord le fier Dieu de la Thrace,
» Je ſçauray du péril préſerver ſon audace ;
» Sçachez que combattant toujours à ſes côtez,
» J'écarteray les traits qui luy ſeront portez.
» Eh ! quel Dieu plus que Mars à ſes jours s'intéreſſe ?
» Je retrouve avec Luy la Phrygie & la Gréce.
» C'eſt à moy, dit Vulcain arrivant de Lemnos,
» Aux Armes que mon Art forge pour ce Héros,
» A conſerver des Dieux la plus parfaite image ;
» A raſſurer vos cœurs ſur ſon noble courage.

» L'éclat de ſa Cuiraſſe attirant les regards,
» L'offre non moins ardent, mais plus brave que Mars.
» J'ay ſçû repréſenter dans ma Trempe divine,
» Et ſes Exploits paſſez, & ceux qu'on Luy deſtine.
» On le voit terraſſer Ypres, Furnes, Menin;
» Au pied de leurs Remparts montrer un front ſerein;
» Franchir en un moment les Fleuves, les Rivieres;
» Défendre ſes Etats, reculer ſes Frontieres;
» Aux Vertus d'un Héros joindre celles d'un Roy,
» Et pénétrer d'amour ceux qu'il remplit d'effroy.
» On voit ſon vaſte Camp, ſes Guerriers, ces Achilles,
» Voler dans les dangers, Luy ſoumettre cent Villes;
» Ne craindre que pour Luy, frémir de ſon ardeur;
» Conſacrer à ſa gloire & leur bras & leur cœur.
» Un Burin doux & fier y peint avec adreſſe,
» L'eſſain vif & brillant de ſa jeune Nobleſſe,
» Qui du ſein des Plaiſirs précipite ſes pas
» Aux aſſauts périlleux, aux plus ſanglants Combats,
» Et revient embellir, par l'Eſprit & les Graces,
» La Cour du Souverain dont elle ſuit les traces.
» Ce Prince, repartit la Déeſſe des Bois,
» Au métier des Héros s'eſt formé ſous mes Loix;
» Dans mes Forêts long-temps j'exerçay ſon courage,
» Et ſi ce n'eſt la Guerre, au moins c'en eſt l'image.
» Quand il ſuivoit vos pas, dit Venus à ſon tour,
» Surpris, on croyoit voir Diane avec l'Amour.
» Ce Roy m'eſt précieux, & ſon Fils m'intéreſſe;
» J'ay choiſi pour Luy plaire une auguſte Princeſſe:

» De cet Objet divin l'Univers eſt charmé;
» Le Tage l'a vû naître, & ma main l'a formé.
» Joüir de tant d'appas eſt un bonheur inſigne;
» Mais l'Héritier des Lys peut ſeul en être digne.
» Volez vers mon Egale; Amour, quittez les Cieux;
» Avec tous vos attraits montrez-vous à ſes yeux;
» Portez-luy des ſoupirs bien plus tendres encore,
» Que les vœux d'Adonis & de l'Amant de Flore:
» Allez, & que bien-tôt la Seine ſur ſes bords,
» De deux cœurs enflâmez uniſſe les tranſports.
L'Amour part; les Zéphirs dans ſes aîles ſe gliſſent,
Et bûvant le Nectar tous les Dieux applaudiſſent.
Cependant le Vainqueur, à l'ombre des Lauriers,
Laiſſe pour quelque temps repoſer ſes Guerriers;
Son éclat fulminant, pour les ſiens ſe tempére,
C'eſt un Roy citoyen, c'eſt un Epoux, un Pére;
C'eſt l'Amy de ſon Peuple, & pour tout dire enfin,
C'eſt Titus, & Trajan, Marc-Auréle, Antonin.
Peuple heureux! livrez-vous à votre douce yvreſſe,
Faites briller pour Luy la plus vive tendreſſe;
Elle eſt dans votre cœur, qu'elle éclate au dehors:
Déja tout retentit d'harmonieux accords:
LOUIS voit dans vos mains des Palmes toutes prêtes:
Tant d'acclamations, tant de Jeux & de Fêtes;
L'art de chaſſer la Nuit, d'éterniſer le Jour;
Que de gages certains du plus parfait amour!
Mais quel nouveau ſpectacle a frappé notre vûë!
Quel azur éclatant! quelle brillante Nuë!

Elle s'approche ; Iris y répand ſes couleurs.
Un Thrône ſe découvre environné de Fleurs....
Quels ſont ces Dieux? Quelle eſt cette jeune Déeſſe,
A qui leur pur Encens, leur hommage s'adreſſe ?
Au milieu des Rubis, des Perles, des Saphirs,
Sont-ce les Ris, les Jeux, les Amours, les Zéphirs,
Qui ſur leurs aîles d'or, dans cette Cour chérie,
Tranſportent la Beauté qu'adoroit l'Ibérie ?
Arrivez, digne Objet de la plus vive ardeur,
Vous trouverez icy l'Olympe & ſa ſplendeur ;
Mêmes Dieux, même Cour. Dans notre auguſte Maître,
Les traits de Jupiter ſe feront reconnoître :
Dans ſon Fils, ceux du Dieu qui s'eſt offert à vous,
Et d'une autre Pſiché le légitime Epoux.
Ils paroiſſent tous deux, comparez-les encore....
Mais déja de flambeaux le Temple ſe décore.
D'un tiſſu précieux les Amans ſont voilez :
Le Pontife prononce, & leurs vœux ſont comblez.
LOUIS, que dans ton cœur ce Jour répand de joye !
Quelle ſérénité ſur ton front ſe déploye !
Pére tendre, bon Roy ; Tes Enfans, tes Sujets,
De ta félicité ſont les plus chers objets.
Mais à peine ton Fils de Myrte ſe couronne,
Qu'il ſe rend avec Toy dans les Champs de Bellonne.
Pour en faire un Héros il ne faut qu'un inſtant.
Il part : l'Amour ſoupire, & Mars eſt triomphant.
Tel Hector, pour ſervir ſon Pére & ſa Patrie,
Se déroboit aux pleurs d'une Epouſe chérie.

Quel Tranſport inconnu des autres Régions,
Sous un Maître adoré, ſaiſit ſes Légions!
Ce ne ſont pas vingt Rois liguez contre une Ville;
C'en eſt Un, & Luy ſeul peut en ſoumettre mille.
O vous! qui conſpirez pour troubler ſes Etats,
Tremblez; il va bien-tôt punir vos attentats.
Il s'avance vers vous, Maurice le précede;
Quelle langueur l'abbat!.... Dieux! volez à ſon aide;
Ne ſouffrez pas.... Mais, quoy? ſon zéle eſt le plus fort,
Il rappelle ſes jours des portes de la mort:
Dans les yeux de LOUIS il puiſe un feu ſublime.
Ainſi par ſes rayons l'Aſtre du jour r'anime
Ces Plantes, dont la Nuit, par ſes froides vapeurs,
Sembloit avoir éteint la verdure & les fleurs.
Neptune avoit déja ſur la Plaine liquide,
Des enfans d'Albion reçû la Flotte avide.
Oſtende, qui bien-tôt verra changer ſon ſort,
A leurs brillantes Nefs ouvre ſon vaſte Port.
Cent Voiles avec pompe en rempliſſent l'enceinte.
Le Belge par devoir, le Batave par crainte,
Reçüeille également l'Anglois, l'Autrichien,
Et ne forme qu'un Camp avec l'Hanovrien.
Ainſi ces Nations ſe ſoulevent enſemble,
Contre un Roy cher aux Dieux, un Roy qui leur reſſemble;
Et l'Aigle & le Lion, prêts d'attaquer les Lis,
Veulent dans leurs Marais les voir enſevelis.
Fier d'oſer à LOUIS oppoſer ſon courage,
Cumberland veut du moins mériter ſon ſuffrage;

Il marque du Combat & le temps & le lieu ;
Dans ſon ardeur guerriere on l'eut pris pour un Dieu,
Si celle de mon Roy, ſi ſa haute vaillance
N'eut de Mars avec Luy, fixé la reſſemblance.
Comme on voit en Eté ſe former dans les Airs,
Un Nuage qui laiſſe échapper mil éclairs ;
Il s'avance, il s'étend, il forme les Tempêtes,
Et ſemble diriger la Foudre ſur nos têtes.
Ainſi les Ennemis offerts à nos regards,
Lancent, en s'approchant, les feux de toutes parts :
Cruels avantcoureurs de cet affreux Tonnerre,
Que rivale des Cieux oſe enfanter la Terre :
Le Nôtre avec plus d'art, encor plus deſtructeur,
D'innombrables trépas eſt le puiſſant moteur....
Mais déja nous pleurons une illuſtre Victime,
Gramont qui des honneurs s'élevoit à la cime :
Longaunay, du Brocard, Craon percez de traits,
Vont bien-tôt avec luy partager nos regrets.
Quelques ſoient du Combat les mortelles prémices,
Tiſiphone à Pluton doit d'autres ſacrifices.
Ce Monſtre, dont les mains ſont pleines de ſerpens,
S'offre à nos Ennemis, en parcourt tous les rangs.
» Non, non, ne ſouffrez pas, dit-il à leurs Cohortes,
» Que LOUIS, de Tournay, ſe faſſe ouvrir les Portes.
» Aſſuré de la vaincre, il n'a fait en paſſant
» Que lancer ſur ſes Murs un regard menaçant.
» Il veut, pour commencer ſa nouvelle carriere,
» Faire à vos Légions mordre ici la pouſſiere.

» Vigilant, moins jaloux d'aſſauts que de combats,
» Il vous prévient; il vole au-devant de vos pas :
» L'Europe cependant porte ſur vous la vûë.
» Eh ! que diroit à Vienne une Reine éperduë,
» Si ſes plus fiers Remparts, ſes braves Alliez,
» Soumis à ce Vainqueur, tomboient tous à ſes pieds?
» Mais je vous connois trop pour craindre cette honte;
» Une juſte fureur à ma voix vous ſurmonte.
» La Guerre eſt dans vos yeux, la Haine dans vos cœurs,
» Et dans vos mains ce fer & ces foudres vainqueurs.
» Marchez : ſi pour ce Roy l'Olympe ſe déclare,
» Je vous réponds du moins des ſecours du Ténare.
Il dit; ſouffle à l'inſtant ſon funeſte venin;
Frappe du pied la Terre, & s'abîme ſoudain.
Sous les traits de LOUIS, Pallas dans cette Lice,
Guide plus ſeurement l'intrépide Maurice.
Dans un calme profond ſes ordres ſont donnez,
Les hazards ſont prévûs, les Poſtes deſtinez.
On voit qu'à ſes conſeils préſide la ſageſſe.
» Déployez tout mon art, luy dit cette Déeſſe.
» De diſtance en diſtance élevez des Gazons,
» Remparts momentanez, hériſſez de Canons.
» Qu'Antoin & Fontenoy, noms à jamais célébres,
» Couvrent vos Ennemis de feux & de ténébres.
» Du Batave ſur tout vous tromperez l'effort.
» Vos Soldats braveront, & donneront la Mort.
» Au ſein de la Bataille, oppoſez le courage,
» Au redoutable aſpect d'un rapide carnage.

» Plus l'Audace est deçûë, & plus elle entreprend.
» C'est icy que l'Anglois fondra comme un torrent.
» D'Escadrons indomptez, réservez la vaillance.
» Placez à Romilly, par la même prudence,
» Un corps dans l'Action prêt à vous seconder.
» Donnez à Lovvendal ce Corps à commander.
» Lovvendal fils de Mars, Emule de Maurice,
» Combattra dignement sous l'un & l'autre auspice.
La divine Pallas, en prononçant ces mots,
Répand tout son esprit dans l'ame du Héros,
Elle l'éleve encore, elle en étend la sphére,
Et veut qu'il fasse plus qu'un Mortel ne peut faire.
Une secrette horreur s'empare de mes sens.
Quels mouvemens affreux? quels sons vifs & perçans?
Ils cessent. Tout à coup régne un morne silence.
Que la Nature, hélas! se fait de violence!
D'un air majestueux les Chefs & les Soldats,
Marchent, non sans frémir, au-devant du trépas.
Bien-tôt ce trouble céde aux soins de la Victoire,
Et l'amour de la vie à celuy de la Gloire.
Le Combat, seul objet de leurs vœux éclatans,
A leur impatience a tardé trop long-temps.
Cent & cent Légions défilent dans la Plaine;
Quel crayon peut tracer l'ardeur qui les entraîne?
Muse, oseras-tu peindre à travers mille feux,
L'approche de ces corps, leur choc impétueux?
Déja, des Ennemis une ardente colomne
S'élance avec fureur; déja la charge sonne.

L'eſpoir eſt dans les yeux de chaque combattant;
La Fierté le conduit, & la Valeur l'attend;
Elle eſt dans Fontenoy, la Mort vole autour d'elle;
Un Carquois ſur ſon dos, arme ſa main cruelle:
Choiſeuil, la Vauguyon, Meuſe, au gré de ſes ſouhaits,
La préſentent par tout, & dirigent ſes traits.
L'Anglois, qui de ce Poſte a connu l'importance,
Veut de ſes défenſeurs vaincre la réſiſtance;
Il ne fait que l'accroître, en augmenter le poids.
Il forme cent efforts, & ſuccombe cent fois.
A la cime d'un Mont, tel Ixion s'empreſſe,
De rouler un Rocher qui retombe ſans ceſſe.
* Plus loin, tonne l'Airain, garant de nos ſuccès.
Le Faune épouvanté fuit au fond des Forêts;
Encore un peu de temps, & ſes traces, ſans doute,
Montreront aux Anglois leur véritable route.
  Antoin vomit les feux que receloient ſes flancs;
De fiers Républicains il ravage les rangs;
Préſente, avec la Mark, un front inexpugnable.
Trois Attaques enſemble ont un deſtin ſemblable.
  Mais quels coups vont partir? que de ſang va couler!
Quelle horrible vapeur eſt prête à s'exhaler?
Soleil, qui dans ton cours éclairas cent Batailles,
Eclairas-tu jamais autant de funerailles?
  L'Ennemy repouſſé, vaincu de toutes parts,
Rappelle, réünit ſes Bataillons épars.

* *La Redoute des Bois de Bary.*

La Phalange eſt formée, elle accroît, elle enfante
Le Fer, le Feu, les Cris, le Trouble, l'Epouvante.
Le Plomb ſiffle, s'élance, & ſur l'aîle des vents
Atteint mille Guerriers dont il couvre les champs.
Tels ces fruits qu'a frappez la grêle ou le tonnerre,
Tombent rapidement, & rampent ſur la Terre.
La Valeur céde au nombre, & nos rangs ſont ouverts.
Avantage auſſi prompt que voiſin des revers.
Le ſouverain des Rois prend enfin ſa Balance;
C'eſt à LOUIS armé qu'appartient la puiſſance.
Le calme eſt ſur ſon front, chacun lit dans ſes yeux,
Le deſtin de l'Europe, & les decrets des Cieux.
Sur un nuage alors il apperçoit Mercure,
Qui du Dieu de Lemnos Luy préſente l'Armure:
Il reconnoît Pallas, une Pique à la main,
Qui le couvre à l'envy du Bouclier divin.
Son Fils, plein du beau feu que ſes regards impriment,
Son Fils que ſon exemple & le danger animent....
Dieux! quels auroient été ſes glorieux Combats,
Si l'amour paternel n'eut retenu ſes pas?
Avancez, Combattans, Ennemis de mon Maître,
Le plus grand des perils vous le fera connoître.
Et vous, Corps invincible à ſa garde commis,
Guidé par des Héros, vos Chefs & vos Amis,
Courez avec Maurice, éclairé par la Gloire,
Des mains de vos Rivaux, arracher la Victoire.
Anglois, un Bras vengeur ſur toy s'appeſantit:
Sous tes pas fugitifs quel gouffre t'engloutit?

Tiſiphone t'arma, tu n'es que ſa victime,
Sa rage te dévouë au Dieu du noir Abîme.
Eh! que ſont devenus tes nombreux Bataillons?
Si leur ſang répandu n'abbreuvoit les ſillons,
On douteroit encor de leur ſuperbe audace;
Ils ne ſont plus; à peine en trouve-t-on la place.
Ainſi l'on vit Cerés, & ſes flambeaux ardens,
Détruire les moiſſons, en dépoüiller les champs.
Tout fuit, loin d'une Plaine, en butte à ſa colere,
Le Laboureur tremblant, la craintive Bergere.
Bellone triomphante, applaudit aux Vainqueurs.
Muſe, rappelle-moy ces noms chers à nos cœurs?
Soubize, Péquigny, Bérenger & Noailles,
Lovvendal & Biron, nourris dans les Batailles.
Clarc, fameux par luy-même & par ſes Irlandois,
Rivaux des Neuſtriens, jaloux de leurs Exploits.
Richelieu, notre Achille, & l'éléve des Graces.
Davray, Croiſſy, Daché que Mars voit ſur ſes traces.
Lutteaux, futur objet d'une juſte douleur.
Monteſſon, guide ſûr de la jeune valeur.
Créquy, fier de conduire une Troupe illuſtrée;
Guerchy, Grille, Bouflers, & vous, brave d'Eſtrée.
Une clarté ſubite a traverſé les Cieux;
Ils s'ouvrent. Quel objet ſe préſente à nos yeux?
C'eſt L'IMMORTALITE'; ſa Robe étincelante
Fait briller dans les Airs & l'Or & l'Amaranthe:
Son Char eſt attelé de cet Oyſeau divin,
Unique en ſon eſpece, unique en ſon Deſtin.

Je la vois qui descend au Champ de la Victoire,
Et son auguste Main, arbitre de la Gloire,
De ces feux, dont la Nuit le Ciel est revêtu,
Ceint le Front de LOUIS, couronne sa Vertu.

Flandres, je te rends grace au pied de ce Trophée,
Qu'on Luy dresse avec toy, sur l'Envie étouffée.
Recevez mon Encens, puissantes Déïtez,
Protectrices d'un Roy, brillant de vos clartez;
Terrible comme Vous, comme Vous exorable,
Tendre, compâtissant, généreux, secourable.
C'est vous, c'est votre cœur qu'il daigne nous offrir.
Du malheur des Vaincus le Vainqueur sçait souffrir,
Le péril est passé, ses esprits sont moins calmes;
Il regrette le sang qui fit germer ses Palmes;
Il s'empresse à tarir celuy qu'on peut sauver;
Ennemis ou Sujets, il veut tout conserver,
Se tourne vers son Fils, jeune Amant de la Gloire:
Regardez à quel prix s'achete la Victoire,
Luy dit-il, *& plaignez avec moy notre Rang,*
Quand nous sommes forcez de verser tant de sang.

Que de rares vertus l'une à l'autre enchaînées !
Quelles sont, ô mon Roy, tes hautes destinées !
Tu n'as qu'à te montrer; frappez de tes regards,
Tomberont à l'instant les Belgiques Remparts.
Les Flamands à regret contre Toy se défendent;
Ton triomphe est leur bien; ton joug? ils le demandent,
Bénissent tes Exploits, adorent un Vainqueur,
Qui l'est moins de leurs Murs, qu'il ne l'est de leur cœur.

Cependant à Tournay, tes mains portent la Foudre,
Qui mit à Fontenoy les Alliez en poudre;
Tu la portes à Gand, à travers les hazards;
L'ombre de Charles-Quint fuit loin de ses Remparts,
L'Aigle déseſperé, s'envole & l'accompagne.
La Flandre ſuit enfin l'exemple de l'Eſpagne.
Tel que l'affreux Serpent vaincu par Apollon,
De ſang & de venin abreuvant ſon limon,
Y rentre en menaçant, & de ſa gueule infâme,
Avant que d'expirer, vomit encor la flâme:
L'Ennemy terraſſé du fond de ſes Marais,
Léve ſa tête altiére, & lance quelques traits;
Sa bleſſure nourrit la fureur qui le ronge:
Dans ſa fange auſſi-tôt du Chayla le replonge.
Que d'obſtacles divers à la fois ſurmontez!
Par de mobiles Ponts les Fleuves ſont domptez.
L'éclair annonce à peine une foudre imprévûë:
Oudenarde eſt bloquée, Oudenarde eſt renduë.
Bruges & ſon Canal n'ont duré qu'un matin;
Aloſt & Dendermonde, ont le même deſtin.
Par Philippe, en trois ans, Oſtende fut conquiſe;
A LOUIS, en dix jours, elle ſe voit ſoumiſe.
Nos Soldats triomphans entrent dans Nieuport;
Les Anglois ſont chaſſez de l'un & l'autre Port,
Et cédant au Vainqueur ces fortunez rivages,
Ils s'en vont ſous leur Ciel conjurer les orages.
Eſt-ce aſſez de travaux pour ta gloire entrepris,
France? Peux-tu jamais y mettre un digne prix?

Tu sçais que ces Lauriers, cüeillis dans les allarmes,
Pouvoient être à toute heure inondez de tes larmes.
Au milieu du péril, LOUIS s'offroit à toy,
Ses succès redoublez, redoubloient ton effroy:
Goûte un bonheur plus pur, une allégresse entiere,
Le Ciel t'a conservé ton Monarque, ton Pere:
La Gloire dans tes bras remet ton BIEN-AIMÉ;
Grands Dieux! de quel amour ton cœur est enflâmé!
O! combien te ravit une si chére vûë?
Tes yeux moüillez de pleurs, peignent ton ame émûë.
La Déesse des Mers aux bords du Simoïs,
Montroit moins de tendresse à son illustre Fils;
Et l'épouse d'Ulisse, après vingt ans d'absence,
Avec moins de transport joüit de sa présence.

Mais quel Tribut t'offrir? ô le plus grand des Rois!
Notre amour ne peut croître autant que tes Exploits;
Il étoit à son comble, & ne sçauroit suffire,
Aux soins que jour & nuit notre bonheur t'inspire.
C'est ainsi que brûlant pour la Divinité,
Notre ardeur n'est jamais égale à sa Bonté,
Et qu'enrichis des biens de sa Toute-puissance,
Nous ployons sous le faix de la Reconnoissance.

FIN.

Lû & approuvé, ce 26. Janvier 1746.

CRE'BILLON.

Vû l'Approbation du Sieur Crébillon, permis d'imprimer, à la charge de l'enregiſtrement à la Chambre Syndicale. A Paris ce 27. Janvier 1746.

MARVILLE.

Regiſtré ſur le Livre de la Communauté des Imprimeurs & Libraires, Num. 3079. *conformément aux Réglemens, & notamment à l'Arrêt du Conſeil du* 10. *Juillet* 1745. *A Paris le* 8. *Février* 1746.

Signé, VINCENT, Syndic.

www.ingramcontent.com/pod-product-compliance
Lightning Source LLC
LaVergne TN
LVHW020509230826
846091LV00008BA/3417

* 9 7 8 2 0 1 1 9 4 1 3 8 1 *